Manuela und Joëlle
Herzfeld

food with love

LÖFFELGLÜCK

33 LIEBLINGS-SUPPEN

LEMPERTZ

HALLO IHR LIEBEN,

Suppen sind für uns flüssiger Sonnenschein zum Löffeln. Denn Schluck für Schluck hinterlassen sie ein immer größer werdendes wohlig-warmes Gefühl im Bauch. Besonders an ungemütlichen Tagen lässt eine warme Suppe eingefrorene Finger, kalte Füße oder trübe Gedanken verschwinden. Dieses ultimative Soulfood macht einfach glücklich und satt und ist dabei noch herrlich vielfältig. Bereitet sie mit euren Lieblingszutaten zu und serviert sie als Vorspeise oder Hauptgericht.

Ein weiterer Grund, warum wir Suppen so sehr lieben ist, dass sie in der Regel so unkompliziert zubereitet sind und sich ruckzuck wieder aufwärmen lassen – vor allem, wenn man eine Küchenmaschine nutzt wie den Thermomix®. Dank seiner Hilfe mixt und kocht sich die Suppe schon fast wie von selber. Einfach Zutaten hineinfüllen und den Rest überlasst ihr eurer Küchenhilfe. Wenn es bei uns mal wieder schnell gehen muss, finden wir, dass es nichts Besseres gibt als eine frische Gemüsesuppe. Denn mit der Pürierstufe des Thermomix® verwandelt sich ihre Konsistenz in puren Samt. Was für ein königlicher Genuss!

In diesem Buch findet ihr eine leckere Sammlung unserer Lieblingssuppen. Wir haben darauf geachtet, dass für jeden Geschmack das Passende dabei ist. Deshalb haben wir für euch neben Cremesuppen auch klare, scharfe und deftige Suppen mit viel Liebe zubereitet.

Wir wünschen euch viel Spaß beim Mixen und Genießen.

INHALT

Abkürzungen und Rezeptinfos:

Bd. = Bund
EL = Esslöffel
TL = Teelöffel
g = Gramm
geh. = gehäuft
gem. = gemahlen
gestr. = gestrichen
getr. = getrocknet
ger. = gerieben
kl. = klein
TK = tiefgekühlt
fr. = frisch
tr. = trocken
Spr. = Spritzer
dkl. = dunkel
festk. = festkochend
mehligk. = mehligkochend

OFENGERÖSTETE MÖHRENCREMESUPPE

4 Portionen

60 Minuten

Zutaten:

700 g Möhren
2 Kartoffeln, festk.
1 Lauchstange
2 Knoblauchzehen
1 Zwiebel
1 Stück Knollensellerie, ca. 5 cm
10 g Ingwer
4 EL Olivenöl
1 TL Honig
1/2 TL Meersalz
500 g Gemüsefond oder -brühe
50 g Orangensaft
1 TL Paprikapulver, edelsüß
1/2 TL Currypulver
2 Prisen schwarzer Pfeffer
70 g Parmesan, ger.
150 g Crème Fraîche oder Schmand

Außerdem:

Möhrengrün, gehackt
Parmesan, ger.

1. Den Backofen auf 200°C Umluft vorheizen. Ein Backblech mit Backpapier auslegen.

2. Das Gemüse schälen bzw. putzen, in Stücke schneiden und auf das vorbereitete Backblech geben.

700 g Möhren, 2 Kartoffeln, festk., 1 Lauchstange, 2 Knoblauchzehen, 1 Zwiebel, 1 Stück Knollensellerie, ca. 5 cm, 10 g Ingwer

3. Olivenöl mit Honig mischen, über das Gemüse träufeln und mit Meersalz bestreuen. Im heißen Ofen ca. 35 Minuten rösten.

4 EL Olivenöl, 1 TL Honig, 1/2 TL Meersalz

4. Alle Zutaten vom Backblech in den Mixtopf geben, ***1 Minute | Stufe 10*** pürieren. Gemüsefond, Orangensaft, Paprikapulver, Currypulver, Pfeffer und Parmesan zugeben, ***20 Minuten | 100°C | Stufe 1*** kochen.

ofengeröstetes Gemüse, 500 g Gemüsefond, 50 g Orangensaft, 1 TL Paprikapulver, edelsüß, 1/2 TL Currypulver, 2 Prisen schwarzer Pfeffer, 70 g Parmesan, ger.

5. Crème Fraîche zugeben, ***40 Sekunden | Stufe 3*** unterrühren.

150 g Crème Fraîche

6. Suppe nochmal abschmecken und mit Möhrengrün und geriebenem Parmesan garniert servieren.

Möhrengrün, gehackt, Parmesan, ger.

SPARGELCREMESUPPE

2–3 Portionen | 35 Minuten

Zutaten:
500 g weißer Spargel, geschält
1000 g Wasser
1 gestr. EL Zucker
30 g Butter
30 g Mehl
1 TL Gemüsebrühpulver
150 g Sahne
1 EL Weißwein
Salz & Pfeffer

Außerdem:
1 Spr. fr. Zitrone
Petersilie, gehackt

1. Den geschälten Spargel in ca. 2–3 cm große Stücke schneiden und in den Gareinsatz füllen.

500 g weißer Spargel, geschält

2. Wasser mit Zucker in den Mixtopf geben, den Gareinsatz einsetzen und ***20 Minuten | Varoma | Stufe 1*** garen.

1000 g Wasser, 1 gestr. EL Zucker

3. Mixtopf leeren und das Spargelwasser auffangen, den Spargel zur Seite stellen. Die Spargelköpfe aussortieren und bereitstellen.

4. Butter in den Mixtopf geben, ***3 Minuten | 100°C | Stufe 1*** schmelzen.

30 g Butter

5. Mehl zugeben, ***3 Minuten | 100°C | Stufe 1*** anschwitzen.

30 g Mehl

6. Den Spargel (ohne die Köpfe), Spargelwasser und Gemüsebrühpulver in den Mixtopf geben, ***5 Minuten | 100°C | Stufe 1*** kochen.

gegarter Spargel, 750 g Spargelwasser, 1 TL Gemüsebrühpulver

7. Sahne und Weißwein zugeben, ***30 Sekunden | Stufe 8*** pürieren. Mit Salz und Pfeffer abschmecken.

150 g Sahne, 1 EL Weißwein, Salz & Pfeffer

8. Spargelköpfe mit dem Spatel unterrühren.

9. Mit Zitronensaft abschmecken und mit Petersilie garnieren.

1 Spr. fr. Zitrone, Petersilie, gehackt

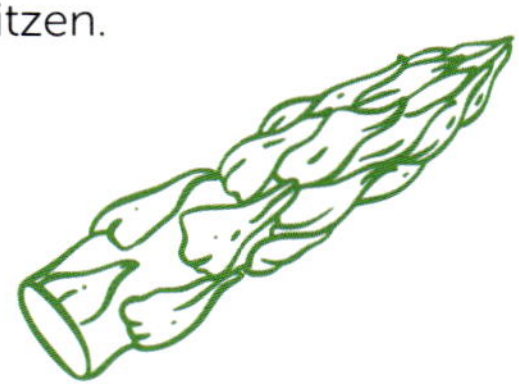

BLUMENKOHL-TAHINI-SUPPE

4 Portionen

40 Minuten

Zutaten:
1 Blumenkohl
3 EL Sesamöl
Salz & Pfeffer
1 Zwiebel
600 g warmes Wasser
1 EL Gemüsebrühpulver
300 g Kochsahne,
15 % Fett
1 TL Zitronensaft
80 g Tahini
1 TL Honig

Außerdem:
Granatapfelkerne
1 EL Sesam, geröstet
1 Thymianzweig

1. Den Backofen auf 200°C Ober-/Unterhitze vorheizen. Ein Backblech mit Backpapier auslegen.

2. Blumenkohl in Röschen teilen, auf das Backblech geben. Mit Sesamöl beträufeln, mit Salz und Pfeffer würzen und ca. 25 Minuten im Ofen rösten.

1 Blumenkohl, 2 EL Sesamöl, Salz & Pfeffer

3. Zwiebelhälften in den Mixtopf geben, ***5 Sekunden | Stufe 5*** zerkleinern. Mit dem Spatel vom Rand nach unten schieben.

1 Zwiebel

4. Restliches Öl zugeben, ***3 Minuten | 120°C | Stufe 1*** dünsten.

1 EL Sesamöl

5. Blumenkohl vom Backblech (eine Handvoll für die Deko beiseitestellen) in den Mixtopf zugeben, ***10 Sekunden | Stufe 7*** pürieren.

gerösteter Blumenkohl

6. Wasser, Gemüsebrühpulver, Sahne, Zitronensaft und Tahini zugeben, ***10 Minuten | 100°C | Stufe 1*** kochen.

600 g warmes Wasser, 1 EL Gemüsebrühpulver, 300 g Kochsahne, 1 TL Zitronensaft, 80 g Tahini

7. Honig zugeben, ***30 Sekunden aufsteigend Stufe 4–8*** pürieren.

1 TL Honig

8. Blumenkohlsuppe mit Salz und Pfeffer abschmecken, mit den gerösteten Blumenkohlröschen, Granatapfelkernen, Sesam und abgezupftem Thymian toppen und servieren.

Salz & Pfeffer, gerösteter Blumenkohl, Granatapfelkerne, 1 EL Sesam, geröstet, 1 Thymianzweig

Ball

CREMIGE TOMATEN-BASILIKUM-SUPPE

6 Portionen

25 Minuten

Zutaten:
4 Knoblauchzehen
2 Schalotten
20 g Olivenöl
800 g passierte Tomaten
400 g Dosentomaten, ganz
400 g Geflügelfond
1 TL Salz
1 TL Zucker
1/4 TL Pfeffer
100 g Sahne
1 kl. Handvoll Basilikum, grob zerpflückt

Außerdem zum Bestreuen:
Parmesanspäne
Basilikum, gehackt

1. Knoblauchzehen und Schalottenhälften in den Mixtopf geben, ***5 Sekunden | Stufe 5*** zerkleinern.

4 Knoblauchzehen, 2 Schalotten

2. Mit dem Spatel alles vom Rand nach unten schieben, Öl zugeben, ***3 Minuten | 120°C | Stufe 1*** dünsten.

20 g Olivenöl

3. Passierte Tomaten, Dosentomaten, Geflügelfond, Salz, Zucker und Pfeffer zugeben, ***15 Minuten | 100°C | Stufe 1*** kochen, dann ***10 Sekunden | Stufe 8*** pürieren.

800 g passierte Tomaten, 400 g Dosentomaten, ganz, 400 g Geflügelfond, 1 TL Salz, 1 TL Zucker, 1/4 TL Pfeffer

4. Sahne und Basilikum zufügen, ***3 Minuten | 90°C | Stufe 3*** unterrühren.

100 g Sahne, 1 kl. Handvoll Basilikum, grob zerpflückt

5. Mit Parmesan und gehacktem Basilikum bestreut servieren.

Parmesanspäne, Basilikum, gehackt

BROKKOLICREMESUPPE

4 Portionen

25 Minuten

Zutaten:
1 Zwiebel
1 Knoblauchzehe
1 Kartoffel, mittelgroß, geschält, in Stücken
20 g Olivenöl
90 g Butter
600 g Brokkoli, in Röschen
700 g warmes Wasser
1 geh. TL Gemüsebrühpulver
1 TL Salz
1/2 TL Pfeffer
150 g Sahne
1 EL Zitronensaft
1 TL Petersilie, getr. oder fr.

Außerdem:
2 Scheiben Toastbrot
1/2 TL Rosmarin, getr.
+ Rosmarin, fr., für die Deko
Salz & Pfeffer

1. Zwiebelhälften, Knoblauchzehe und Kartoffelstücke in den Mixtopf geben, ***5 Sekunden | Stufe 5*** zerkleinern. Mit dem Spatel alles vom Rand nach unten schieben.

1 Zwiebel, 1 Knoblauchzehe, 1 Kartoffel, mittelgroß, geschält, in Stücken

2. Öl und einen Teil der Butter zugeben, ***4 Minuten | 120°C | Stufe 1*** dünsten.

20 g Olivenöl, 30 g Butter

3. Brokkoliröschen zugeben, ***8 Sekunden | Stufe 5*** zerkleinern. Mit dem Spatel alles vom Rand nach unten schieben.

600 g Brokkoli, in Röschen

4. Wasser, Gemüsebrühpulver, Salz und Pfeffer zugeben, ***12 Minuten | 100°C | Stufe 2*** kochen.

700 g warmes Wasser, 1 geh. TL Gemüsebrühpulver, 1 TL Salz, 1/2 TL Pfeffer

5. In der Zwischenzeit das Toastbrot in Würfel schneiden und in der Pfanne mit der restlichen Butter, Rosmarin und etwas Salz goldbraun braten. Brotwürfel auf Küchenpapier abtropfen lassen.

2 Scheiben Toastbrot, 60 g Butter, 1/2 TL Rosmarin, getr., Salz

6. Sahne und Zitronensaft zur Suppe geben, ***30 Sekunden | Stufe 5–9*** schrittweise ansteigend fein pürieren, anschließend Petersilie zufügen und ***3 Minuten | 90°C | Stufe 1*** erhitzen, nochmal abschmecken.

150 g Sahne, 1 EL Zitronensaft, 1 TL Petersilie, getr. oder fr., Salz & Pfeffer

7. Suppe mit den Croûtons und frischem Rosmarin bestreut servieren.

Croûtons, Rosmarin, fr., für die Deko

FITSCHBOHNENSUPPE SCHNIBBELBOHNENSUPPE NACH MUTTI

4 Portionen

30 Minuten

Zutaten:

1 Schalotte
1 Knoblauchzehe
1 kl. Chilischote, getr.
1/2 TL zerdrückte Pfefferkörner
20 g Olivenöl
600 g Gemüsefond
500 g Kartoffeln, festk., geschält, in Würfeln
500 g grüne Stangenbohnen, TK (aufgetaut) oder fr., in ca. 4 cm Stücken
1 1/2 TL Bohnenkraut
1 TL Salz
1 Brühwürfel
1/2 TL abgeriebene Zitronenschale
200 g Cherrytomaten, entkernt, geviertelt

1. Schalottenhälften, Knoblauch, Chilischote und Pfefferkörner in den Mixtopf geben, ***5 Sekunden | Stufe 6*** zerkleinern.

1 Schalotte, 1 Knoblauchzehe, 1 kl. Chilischote, getr., 1/2 TL zerdrückte Pfefferkörner

2. Mit dem Spatel alles vom Rand nach unten schieben und den Vorgang wiederholen. Olivenöl zufügen, ***5 Minuten | 120°C | Stufe 1*** andünsten.

20 g Olivenöl

3. Gemüsefond, Kartoffelwürfel, Bohnen, Bohnenkraut, Salz, Brühwürfel und Zitronenschale in den Mixtopf geben, ***20 Minuten | 100°C | Linkslauf | Stufe 1*** garen.

600 g Gemüsefond, 500 g Kartoffelwürfel, festk., 500 g grüne Stangenbohnenstücke, 1 1/2 TL Bohnenkraut, 1 TL Salz, 1 Brühwürfel, 1/2 TL abgeriebene Zitronenschale

4. In den letzten 2 Minuten die Tomaten durch die Deckelöffnung zugeben.

200 g Cherrytomaten, entkernt, geviertelt

5. Bohnensuppe nochmal abschmecken und servieren.

LASAGNESUPPE

4 Portionen

30 Minuten

Zutaten:
1 Zwiebel
2 Knoblauchzehen
20 g Olivenöl
1 EL Tomatenmark
400 g Rinderfond
300 g Wasser
1 geh. TL Gemüsebrühpulver
400 g Dosentomaten, gehackt
400 g passierte Tomaten
1 TL Oregano, getr.
1 TL Thymian, getr.
1 TL Rosmarin, getr.
1/2 TL Chiliflocken
1 TL Petersilie, getr.
300 g Rinderhackfleisch
8 Lasagneplatten
30 g Rotwein
Salz & Pfeffer
150 g Ricotta oder Crème Fraîche
30 g Parmesan

Außerdem:
Öl zum Anbraten

1. Zwiebelhälften und Knoblauchzehen in den Mixtopf geben, ***5 Sekunden | Stufe 5*** zerkleinern.

1 Zwiebel, 2 Knoblauchzehen

2. Mit dem Spatel alles vom Rand nach unten schieben und den Vorgang nochmal wiederholen.

3. Öl und Tomatenmark hinzugeben, ***3 Minuten | 120°C | Stufe 1*** andünsten.

20 g Olivenöl, 1 EL Tomatenmark

4. Rinderfond, Wasser, Gemüsebrühpulver, Dosentomaten, passierte Tomaten, Oregano, Thymian, Rosmarin, Chiliflocken und Petersilie zugeben, ***15 Minuten | 100°C | Stufe 2*** kochen.

400 g Rinderfond, 300 g Wasser, 1 geh. TL Gemüsebrühpulver, 400 g Dosentomaten, gehackt, 400 g passierte Tomaten, 1 TL Oregano, getr., 1 TL Thymian, getr., 1 TL Rosmarin, getr., 1/2 TL Chiliflocken, 1 TL Petersilie, getr.

5. In der Zwischenzeit das Hackfleisch in einer Pfanne oder einem Topf anbraten und die Lasagneplatten in mundgerechte Stücke brechen.

Öl zum Anbraten, 300 g Rinderhackfleisch, 8 Lasagneplatten

6. Hackfleisch, Lasagnestücke und Rotwein in den Mixtopf geben, ***10 Minuten | 100°C | Linkslauf | Sanftrührstufe*** kochen und anschließend mit Salz und Pfeffer abschmecken.

angebratenes Hackfleisch, zerkleinerte Lasagneplatten, 30 g Rotwein, Salz & Pfeffer

7. Mit einem Klecks Ricotta oder Crème Fraîche und Parmesan bestreut servieren.

150 g Ricotta oder Crème Fraîche, 30 g Parmesan

PIZZASUPPE

4 Portionen 30 Minuten

Zutaten:
300 g Rinderhackfleisch
1 rote Zwiebel
1 Knoblauchzehe
20 g Olivenöl
1 rote Paprika, in Würfeln
150 g Champignons, in Scheiben
400 g passierte Tomaten
300 g warmes Wasser
1 kl. Dose Mais, 285 g Abtropfgewicht
2 TL Gemüsebrühpulver
150 g Kochsahne, 15 % Fett
1 Prise Zucker
1 TL Oregano, getr.
1/2 TL Thymian, getr.
150 g Doppelrahmfrischkäse
Salz & Pfeffer

Außerdem:
50 g Parmesan, ger.
1 kl. Handvoll Basilikumblätter
Öl zum Anbraten

1. Öl in einer Pfanne oder einem Topf erhitzen und das Hackfleisch krümelig anbraten.

300 g Rinderhackfleisch, Öl zum Anbraten

2. Zwiebelhälften und Knoblauch in den Mixtopf geben, ***5 Sekunden | Stufe 5*** zerkleinern. Mit dem Spatel alles vom Rand nach unten schieben.

1 rote Zwiebel, 1 Knoblauchzehe

3. Öl, Paprikawürfel und Champignons hinzufügen, ***5 Minuten | 120°C | Linkslauf | Sanftrührstufe*** dünsten.

20 g Olivenöl, 1 rote Paprika, in Würfeln, 150 g Champignonscheiben

4. Tomaten, Wasser, Mais, Gemüsebrühpulver, Sahne, Zucker, Oregano, Thymian und Frischkäse zufügen, ***15 Minuten | 100°C | Linkslauf | Sanftrührstufe*** garen.

400 g passierte Tomaten, 300 g warmes Wasser, 1 kl. Dose Mais, 285 g Abtropfgewicht, 2 TL Gemüsebrühpulver, 150 g Kochsahne, 1 Prise Zucker, 1 TL Oregano, getr., 1/2 TL Thymian, getr., 150 g Doppelrahmfrischkäse

5. Hackfleisch hinzufügen, nochmal ***5 Minuten | 100°C | Linkslauf | Sanftrührstufe*** unterrühren.

angebratenes Hackfleisch

6. Mit Salz und Pfeffer abschmecken.

Salz & Pfeffer

7. Mit Parmesan und grob zerzupften Basilikumblättern bestreut servieren.

50 g Parmesan, ger., 1 kl. Handvoll Basilikumblätter

Tipp

Ihr könnt auch das Hackfleisch zusammen mit den Champignons im Mixtopf andünsten, wenn ihr keine Röstaromen braucht.

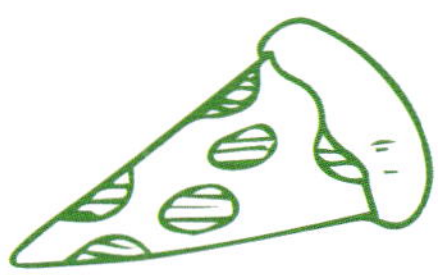

HACKBÄLLCHENSUPPE

4 Portionen

40 Minuten

Zutaten:

Hackbällchen:

250 g Rinderhackfleisch
1 Ei (M)
1/2 TL Majoran, getr.
1 EL Paniermehl
Salz & Pfeffer

Suppe:

1 Zwiebel
20 g Butter
400 g Gemüsefond
700 g warmes Wasser
350 g Kartoffeln, festk., geschält, in Würfeln
200 g Möhren, geschält, in Würfeln
1/4 Lauchstange, in Ringen
50 g Knollensellerie, geschält, in Würfeln
1/2 TL Salz
1/4 TL Pfeffer
1 EL Sojasauce
4 schwarze Pfefferkörner
1 Lorbeerblatt

Außerdem:

1/2 Bd. Petersilie

1. Petersilie in den Mixtopf geben, ***3 Sekunden | Stufe 8*** zerkleinern und umfüllen.

1/2 Bd. Petersilie

Hackbällchen:

2. Hackfleisch, Ei, Majoran und Paniermehl in den Mixtopf geben, ***1 Minute | Teigstufe*** kneten. Mit Salz und Pfeffer abschmecken, umfüllen und Mixtopf spülen.

250 g Rinderhackfleisch, 1 Ei (M), 1/2 TL Majoran, getr., 1 EL Paniermehl, Salz & Pfeffer

Suppe:

3. Zwiebelhälften in den Mixtopf geben, ***5 Sekunden | Stufe 5*** zerkleinern. Mit dem Spatel alles vom Rand nach unten schieben.

1 Zwiebel

4. Butter in den Mixtopf zugeben, ***3 Minuten | 120°C | Stufe 1*** dünsten.

20 g Butter

5. Gemüsefond, Wasser, Kartoffeln, Möhren, Lauch, Sellerie, Salz, Pfeffer, Sojasauce, Pfefferkörner und Lorbeerblatt zugeben, ***15 Minuten | 100°C | Linkslauf | Stufe 1*** garen.

400 g Gemüsefond, 700 g warmes Wasser, 350 g Kartoffelwürfel, festk., 200 g Möhrenwürfel, 1/4 Lauchstange, in Ringen, 50 g Selleriewürfel, 1/2 TL Salz, 1/4 TL Pfeffer, 1 EL Sojasauce, 4 schwarze Pfefferkörner, 1 Lorbeerblatt

6. In der Zwischenzeit aus der Hackmasse kleine Bällchen (Ø ca. 3 cm) formen.

Hackfleischmasse

7. Hackbällchen in den Mixtopf zugeben, weitere ***10 Minuten | 100°C | Linkslauf | Stufe 0.5*** garen.

8. Hackbällchensuppe abschmecken, Lorbeerblatt entfernen, mit Petersilie bestreuen und servieren.

zerkleinerte Petersilie

SO
SOUP

BOLOGNESESUPPE

4 Portionen

25 Minuten

Zutaten:
200 g Möhren, geschält, in Stücken
100 g Selleriestange, in Stücken
1 Schalotte
2 Knoblauchzehen
30 g Olivenöl
2 EL Tomatenmark
400 g Dosentomaten, gehackt
600 g Rinderfond
1 TL Salz
1 TL dkl. Balsamico-Essig
1 TL Paprikapulver, edelsüß
1/4 TL Pfeffer
1 kl. Chilischote, getr.
1 TL Honig
1 TL italienische Kräuter, getr.
500 g Rinderhackfleisch

Außerdem:
Öl zum Anbraten

optional:
Crème Fraîche
Lauchzwiebeln
Tortilla-Chips

1. Möhrenstücke, Selleriestücke, Schalottenhälften und Knoblauchzehen in den Mixtopf geben, ***5 Sekunden | Stufe 5*** zerkleinern. Mit dem Spatel alles vom Rand nach unten schieben.

200 g Möhrenstücke, 100 g Selleriestücke, 1 Schalotte, 2 Knoblauchzehen

2. Olivenöl hinzufügen, ***4 Minuten | 120°C | Stufe 2*** dünsten.

30 g Olivenöl

3. Tomatenmark, Dosentomaten, Rinderfond, Salz, Balsamico-Essig, Paprikapulver, Pfeffer, Chilischote, Honig und Kräuter zugeben, ***5 Sekunden | Stufe 4*** verrühren, dann ***15 Minuten | 100°C | Stufe 2*** köcheln lassen.

2 EL Tomatenmark, 400 g Dosentomaten, gehackt, 600 g Rinderfond, 1 TL Salz, 1 TL dkl. Balsamico-Essig, 1 TL Paprikapulver, edelsüß, 1/4 TL Pfeffer, 1 kl. Chilischote, getr., 1 TL Honig, 1 TL italienische Kräuter, getr.

4. In der Zwischenzeit das Hackfleisch im Topf anbraten.

500 g Rinderhackfleisch, Öl zum Anbraten

5. Angebratenes Hackfleisch zur Suppe geben und nochmal ***3 Minuten | 90°C | Linkslauf | Stufe 1*** unterrühren. Nochmal kräftig abschmecken.

6. Bolognesesuppe nach Belieben mit Crème Fraîche, Lauchzwiebeln und Tortilla-Chips toppen.

Crème Fraîche, Lauchzwiebeln, Tortilla-Chips

BLUMENKOHL-HACK-EINTOPF

4 Portionen

45 Minuten

Zutaten:
1000 g warmes Wasser
2 geh. TL Gemüsebrühpulver
1 Blumenkohl
600 g Kartoffeln, festk., geschält, in Würfeln
500 g gemischtes Hackfleisch
Salz & Pfeffer
1 Zwiebel
1 Knoblauchzehe
20 g Butter
200 g Kräuter-Schmelzkäse
200 g Schmelzkäse, natur
150 g Kochsahne, 15 % Fett
1 Prise Chilipulver
1/2 TL Paprikapulver, edelsüß

Außerdem:
Öl zum Anbraten
Petersilie, gehackt

1. Wasser mit Gemüsebrühpulver in den Mixtopf geben.

1000 g warmes Wasser, 2 geh. TL Gemüsebrühpulver

2. Blumenkohl in sehr kleine Röschen teilen und im Varomabehälter verteilen. Kartoffeln in den Gareinsatz einwiegen, ***20 Minuten | Varoma | Stufe 1*** garen.

1 Blumenkohl, 600 g Kartoffelwürfel, festk.

3. Die Garzeit richtet sich nach der Größe eurer Röschen und Würfel.

4. In der Zwischenzeit das Hackfleisch im Topf anbraten, mit Salz und Pfeffer würzen.

Öl zum Anbraten, 500 g gemischtes Hackfleisch, Salz & Pfeffer

5. Varomabehälter abnehmen, Gareinsatz entnehmen, beides zum Hackfleisch geben.

Blumenkohlröschen, Kartoffelwürfel

6. Mixtopf leeren, die Garflüssigkeit dabei auffangen.

7. Mixtopf trocknen.

8. Zwiebelhälften und Knoblauchzehe in den Mixtopf geben, ***5 Sekunden | Stufe 5*** zerkleinern. Mit dem Spatel alles vom Rand nach unten schieben.

1 Zwiebel, 1 Knoblauchzehe

9. Butter zugeben, ***3 Minuten | 120°C | Stufe 1*** dünsten.

20 g Butter

10. Aufgefangene Garflüssigkeit zugeben, ggf. bis auf 1200 g mit Wasser auffüllen, Schmelzkäse, Sahne, Chilipulver und Paprikapulver zugeben, ***10 Minuten| 100°C | Linkslauf | Stufe 1*** köcheln lassen.

aufgefangene Garflüssigkeit, ggf. Wasser, 200 g Kräuter-Schmelzkäse, 200 g Schmelzkäse, natur, 150 g Kochsahne, 1 Prise Chilipulver, 1/2 TL Paprikapulver, edelsüß

11. Mixtopfinhalt zum Hackfleisch und Gemüse in den Topf geben, nochmal mit Salz und Pfeffer abschmecken, mit Petersilie bestreut servieren.

Salz & Pfeffer, Petersilie, gehackt

KÄSE-LAUCH-SUPPE MIT HACKFLEISCH

4 Portionen

25 Minuten

Zutaten:
1 Knoblauchzehe
750 g Wasser
2 geh. TL Gemüsebrühpulver
250 g Champignons, in Scheiben
2 Lauchstangen, in Ringen
500 g gemischtes Hackfleisch
200 g Kräuter-Schmelzkäse
200 g Sahne-Schmelzkäse
200 g Sahne
1 gestr. TL Salz
Pfeffer

Außerdem:
Öl zum Anbraten

optional:
ein guter Schluck tr. Weißwein

1. Knoblauchzehe in den Mixtopf geben, ***3 Sekunden | Stufe 5*** zerkleinern. Mit dem Spatel alles vom Rand nach unten schieben.

1 Knoblauchzehe

2. Wasser, Gemüsebrühpulver, Champignons und Lauch zugeben, ***10 Minuten | 100°C | Linkslauf | Stufe 1*** kochen.

750 g Wasser, 2 geh. TL Gemüsebrühpulver, 250 g Champignonscheiben, 2 Lauchstangen, in Ringen

3. In der Zwischenzeit das Hackfleisch anbraten.

500 g gemischtes Hackfleisch, Öl zum Anbraten

4. Schmelzkäse, Sahne und angebratenes Hackfleisch hinzugeben, weitere ***10 Minuten | 100°C | Linkslauf | Stufe 1*** kochen.

200 g Kräuter-Schmelzkäse, 200 g Sahne-Schmelzkäse, 200 g Sahne, angebratenes Hackfleisch, opt. ein guter Schluck tr. Weißwein

5. Mit Salz und Pfeffer abschmecken und servieren.

1 gestr. TL Salz, Pfeffer

Tipp

Bitte hier die Füllmenge beachten. Beim TM 31 könnte es zu voll werden. Ihr könnt natürlich auch die Champignons und den Lauch im Mixtopf zerkleinern. Dann ca. 10–15 Sekunden | Stufe 4. Wir finden es allerdings optisch ansprechender, wenn man Pilze und Gemüse in Scheiben / Ringe schneidet. Das Hackfleisch könnt Ihr auch im TM andünsten, nur wird es uns da zu fein.

WIKINGERTOPF

4 Portionen

40 Minuten

Zutaten:

Fleischbällchen:

500 g Rinderhackfleisch
1 TL Salz
1/2 TL Pfeffer
1/4 TL Paprikapulver, edelsüß
1 TL Dijonsenf

Gemüse & Sauce:

400 g TK-Gemüse, Erbsen & Möhren
1000 g heißes Wasser
1 Bd. Petersilie
1 Schalotte
1 Knoblauchzehe
50 g Butter
1 EL Mehl
300 g Milch
200 g Sahne
1 Prise Zucker
1 Spr. Zitronensaft
1 TL Gemüsebrühpulver
1 Prise Muskat

Außerdem:

Öl zum Anbraten

Fleischbällchen:

1. Alle Zutaten für die Fleischbällchen in den Mixtopf geben, ***1 Minute | Teigstufe*** kneten.

500 g Rinderhackfleisch, 1 TL Salz, 1/2 TL Pfeffer, 1/4 TL Paprikapulver, edelsüß, 1 TL Dijonsenf

2. Aus der Masse ca. 18 kleine Bällchen formen und in einer Pfanne mit etwas Öl kurz anbraten, damit sie schön Farbe und Röstaromen bekommen.

Öl zum Anbraten

3. Mixtopf spülen.

Gemüse & Sauce:

4. Das Gemüse in den Varomabehälter geben.

400 g TK-Gemüse, Erbsen & Möhren

5. Den Varoma-Einlegeboden mit feuchtem, zugeschnittenem Backpapier auslegen. Die Fleischbällchen auf dem Einlegeboden verteilen.

6. Wasser in den Mixtopf füllen, mit dem Deckel verschließen und den Varomabehälter aufsetzen, ***25 Minuten | Varoma | Stufe 1*** garen.

1000 g heißes Wasser

7. Varomabehälter abnehmen, den Mixtopf leeren. Fleischbällchen und Gemüse warmhalten.

8. Petersilie in den Mixtopf geben, ***3 Sekunden | Stufe 8*** zerkleinern und umfüllen.

1 Bd. Petersilie

9. Schalottenhälften und Knoblauchzehe in den Mixtopf geben, ***5 Sekunden | Stufe 5*** zerkleinern. Mit dem Spatel alles vom Rand nach unten schieben.

1 Schalotte, 1 Knoblauchzehe

10. Butter zugeben, ***2 Minuten | 120°C | Stufe 1*** dünsten.

50 g Butter

11. Mehl hinzufügen, weitere ***3 Minuten | 100°C | Stufe 1*** anschwitzen.

1 EL Mehl

12. Milch, Sahne, Zucker, Zitronensaft, Gemüsebrühpulver und Muskat zugeben, ***5 Minuten | 100°C | Stufe 2*** aufkochen.

300 g Milch, 200 g Sahne, 1 Prise Zucker, 1 Spr. Zitronensaft, 1 TL Gemüsebrühpulver, 1 Prise Muskat

13. Sauce mit dem Gemüse und den Fleischbällchen mischen und servieren.

Tipp

Wer Zeit sparen möchte, nimmt Bratwurst und macht aus dem Brät Fleischbällchen.

AVGOLEMONO
GRIECHISCHE ZITRONEN-HÜHNERSUPPE

4 Portionen

120 Minuten

Zutaten:
1200 g Wasser
800 g Hähnchenbrust mit Haut
1 Möhre, geschält, in Stücken
1/4 Lauchstange, in Stücken
2 TL Salz
1 TL schwarze Pfefferkörner
1 Lorbeerblatt

Außerdem:
1 Zwiebel
1 EL Olivenöl
100 g Reis, idealerweise Risottoreis
1 TL Gemüsebrühpulver
2 Eier (M)
Saft und Abrieb von 1 Bio-Zitrone
Salz & Pfeffer
Zitronenscheiben
Petersilie, gehackt

1. Messerabdeckung oder den WunderCap® in den Mixtopf einsetzen.

2. Wasser in den Mixtopf einwiegen.

1200 g Wasser

3. Hähnchenbrust mit Haut, Möhrenstücke, Lauchstücke, Salz, Pfeffer und Lorbeerblatt in den Mixtopf geben und im Slow Cooking Programm beim ***TM6 | 1 Stunde 30 Minuten | 98°C*** auskochen. Nutzer des TM5 stellen ***1 Stunde 30 Minuten I 98°C | Linkslauf | Sanftrührstufe*** ein.

800 g Hähnchenbrust mit Haut, 1 Möhre, geschält, in Stücken, 1/4 Lauchstange, in Stücken, 2 TL Salz, 1 TL schwarze Pfefferkörner, 1 Lorbeerblatt

4. Gegarte Hähnchenbrust vorsichtig aus der heißen Brühe nehmen. Brühe durch ein Sieb abseihen und auffangen.

5. Messerabdeckung oder WunderCap® entfernen.

6. Das Fleisch in mundgerechte Stücke teilen.

gegarte Hähnchenbrust

7. Zwiebelhälften in den Mixtopf geben, ***5 Sekunden | Stufe 5*** zerkleinern.

1 Zwiebel

8. Mit dem Spatel vom Rand nach unten schieben.

9. Öl zugeben, ***3 Minuten | 120°C | Stufe 1*** dünsten.

1 EL Olivenöl

10. Aufgefangene Brühe (ggf. bis 1200 g mit Geflügelfond auffüllen), Reis und Gemüsebrühpulver in den Mixtopf geben, ***20 Minuten | 100°C | Stufe 1*** garen.

aufgefangene Brühe, ggf. Geflügelfond zum Auffüllen, 100 g Reis, 1 TL Gemüsebrühpulver

11. Mixtopfdeckel abnehmen und Suppe abkühlen lassen, bis die Temperaturanzeige auf 80°C gesunken ist.

12. Eier in einer Schüssel verquirlen und mit einer Schöpfkelle heißer Brühe aus dem Mixtopf vermischen.

2 Eier (M), etwas heiße Brühe

13. Die Mischung zusammen mit Zitronensaft und Abrieb in den Mixtopf zugeben, ***30 Sekunden | Stufe 2*** verrühren.

Eier-Brühe-Gemisch, Saft und Abrieb von 1 Bio-Zitrone

14. Hähnchenstücke unter die Suppe mischen, nochmal mit Salz und Pfeffer abschmecken und mit Zitronenscheiben und gehackter Petersilie bestreut servieren.

Hähnchenstücke, Salz & Pfeffer, Zitronenscheiben, Petersilie, gehackt

Tipp

Wir haben hierzu Pitabrot und Zaziki gereicht.

BŒUF-STROGANOFF-SUPPE

4 Portionen

25 Minuten

Zutaten:
400 g Rinderhackfleisch
Salz & Pfeffer
50 g Cornichons
2 Zwiebeln
2 Knoblauchzehen
4 EL Olivenöl
30 g Tomatenmark
200 g braune Champignons, geviertelt
1200 g Rinderfond
1 TL brauner Zucker
4 TL Worcestersauce
4 TL Paprikapulver, edelsüß
1 TL Salz
1/4 TL Pfeffer
4 TL Dijonsenf
20 g Sud von den Cornichons
1 EL Speisestärke
200 g Schmand

Außerdem:
Olivenöl zum Anbraten
250 g Bandnudeln
Petersilie, gehackt

1. In einem Topf Olivenöl erhitzen und das Hackfleisch krümelig anbraten, salzen, pfeffern und beiseitestellen.

Olivenöl zum Anbraten, 400 g Rinderhackfleisch, Salz & Pfeffer

2. Cornichons in den Mixtopf geben, ***3 Sekunden | Stufe 6*** zerkleinern und umfüllen.

50 g Cornichons

3. Zwiebelhälften und Knoblauchzehen in den Mixtopf geben, ***5 Sekunden | Stufe 5*** zerkleinern. Mit dem Spatel alles vom Rand nach unten schieben.

2 Zwiebeln, 2 Knoblauchzehen

4. Öl, Tomatenmark und Champignons zugeben, ***5 Minuten | 120°C | Linkslauf | Sanftrührstufe*** dünsten.

4 EL Olivenöl, 30 g Tomatenmark, 200 g braune Champignonviertel

5. Rinderfond, Zucker, Worcestersauce, Paprikapulver, Salz, Pfeffer, Senf und angebratenes Hackfleisch zugeben, ***10 Minuten | 100°C | Linkslauf | Stufe 1*** kochen.

1200 g Rinderfond, 1 TL brauner Zucker, 4 TL Worcestersauce, 4 TL Paprikapulver, edelsüß, 1 TL Salz, 1/4 TL Pfeffer, 4 TL Dijonsenf, angebratenes Hackfleisch

6. Die Bandnudeln nach Packungsanweisung in einem Topf auf dem Herd kochen.

250 g Bandnudeln

7. Cornichons-Sud mit Speisestärke und Schmand in einem Schüsselchen verrühren, zugeben und nochmal ***4 Minuten | 100°C | Linkslauf | Sanftrührstufe*** kochen, mit Salz und Pfeffer abschmecken.

20 g Sud von den Cornichons, 1 EL Speisestärke, 200 g Schmand, Salz & Pfeffer

8. Mixtopfinhalt zu den abgeseihten Bandnudeln geben und mischen.

9. Suppe in Teller füllen und mit Petersilie bestreut servieren.

Petersilie, gehackt

BROCCOLI CHEDDAR SOUP À LA PANERA BREAD®

4 Portionen

30 Minuten

Zutaten:

1 Schalotte
60 g weiche Butter
30 g Mehl
200 g Milch
400 g Geflügelfond
200 g Brokkoli, in kl. Röschen
150 g Möhren, geschält, geraspelt
1/4 TL Muskat
1 Prise Chiliflocken
1/4 TL Dijonsenf
1/2 TL Salz
1/4 TL schwarzer Pfeffer
200 g Sahne
200 g Cheddar, in kl. Stücken

1. Schalottenhälften in den Mixtopf geben, ***5 Sekunden | Stufe 5*** zerkleinern. Mit dem Spatel alles vom Rand nach unten schieben.

1 Schalotte

2. Butter und Mehl in den Mixtopf geben, ***4 Minuten | 100°C | Stufe 1*** anschwitzen.

60 g weiche Butter, 30 g Mehl

3. Milch und Geflügelfond in den Mixtopf zugeben, ***10 Sekunden | Stufe 5*** verrühren.

200 g Milch, 400 g Geflügelfond

4. Brokkoliröschen und Möhrenraspel, Muskat, Chiliflocken, Senf, Salz und Pfeffer zufügen, mit dem Spatel einmal durchrühren und ***15 Minuten | 100°C | Linkslauf | Stufe 1*** kochen. Sollte es hochkochen, die Temperatur auf 98°C reduzieren.

200 g Brokkoliröschen, 150 g Möhrenraspel, 1/4 TL Muskat, 1 Prise Chiliflocken, 1/4 TL Dijonsenf, 1/2 TL Salz, 1/4 TL Pfeffer

5. Sahne und Cheddar hinzufügen, mit dem Spatel einmal durchrühren, ***5 Minuten | 90°C | Linkslauf | Stufe 1*** kochen.

200 g Sahne, 200 g Cheddarstücke

6. Suppe nochmal abschmecken und servieren.

Tipp

Wenn die Suppe erkaltet, dickt sie ein. Ihr könnt sie dann mit Milch wieder verdünnen.

TOMATENSUPPE MIT GYROS UND ZAZIKI

4 Portionen

30 Minuten + Wartezeit

Zutaten:

Gyros:
500 g Schweinefilet
25 g Olivenöl + etwas zum Anbraten
2 EL Gyros-Gewürz

Zaziki:
500 g griechischer Joghurt
1/2 Salatgurke
1/2 TL Salz
2 Knoblauchzehen
2 EL Olivenöl
1/4 TL Pfeffer

Suppe:
1 Zwiebel
1 Knoblauchzehe
2 EL Olivenöl
1 EL Tomatenmark
1 EL Mehl
1 Dose ganze Tomaten, 850 g Abtropfgewicht
1 TL Gemüsebrühpulver
1 TL Oregano, getr.
1/2 TL Thymian, getr.
1/2 TL Rosmarin, getr.
1 Prise Zucker
Salz & Pfeffer

Außerdem:
2 EL Metaxa

Tipp

Dazu passt Fladenbrot.

Gyros:

1. Das Fleisch in Streifen schneiden, mit Olivenöl und dem Gyros-Gewürz mischen. Mindestens 1 Stunde marinieren, gerne auch über Nacht in den Kühlschrank geben.

500 g Schweinefilet, 25 g Olivenöl, 2 EL Gyros-Gewürz

Zaziki:

2. Ein Sieb mit einem Passiertuch auslegen. Joghurt hineingeben und ca. 30 Minuten abtropfen lassen. Das ist wichtig für die Cremigkeit des Zazikis.

500 g griechischer Joghurt

3. Salatgurke halbieren, entkernen, zusammen mit Salz in den Mixtopf geben, ***5 Sekunden | Stufe 5*** zerkleinern, in ein Sieb umfüllen und abtropfen lassen.

1/2 Salatgurke, 1/2 TL Salz

4. Knoblauchzehen in den Mixtopf geben, ***5 Sekunden | Stufe 6*** zerkleinern. Mit dem Spatel alles vom Rand nach unten schieben.

2 Knoblauchzehen

5. Abgetropften Joghurt, Öl und Pfeffer hinzugeben, ***20 Sekunden | Stufe 3*** verrühren.

abgetropfter Joghurt, 2 EL Olivenöl, 1/4 TL Pfeffer

6. Gurke ausdrücken, zugeben und ***15 Sekunden | Stufe 3*** unterrühren und abschmecken.

abgetropfte Salatgurke

Suppe:

7. Zwiebelhälften und Knoblauchzehe in den sauberen Mixtopf geben, ***5 Sekunden | Stufe 5*** zerkleinern. Mit dem Spatel vom Rand nach unten schieben.

1 Zwiebel, 1 Knoblauchzehe

8. Öl zugeben, ***3 Minuten | 120°C | Stufe 1*** dünsten.

2 EL Olivenöl

9. Tomatenmark und Mehl zugeben, ***1 Minute | 100°C | Stufe 1*** anschwitzen.

1 EL Tomatenmark, 1 EL Mehl

10. Dosentomaten, Gemüsebrühpulver, Oregano, Thymian, Rosmarin und Zucker zugeben, ***15 Minuten | 100°C | Stufe 1*** kochen, anschließend ***10 Sekunden | Stufe 6*** pürieren. Mit Salz und Pfeffer abschmecken.

1 Dose ganze Tomaten, 850 g Abtropfgewicht, 1 TL Gemüsebrühpulver, 1 TL Oregano, getr., 1/2 TL Thymian, getr., 1/2 TL Rosmarin, getr., 1 Prise Zucker, Salz & Pfeffer

11. In der Zwischenzeit Gyrosfleisch in einer Pfanne scharf anbraten. Gyros in den sauberen Mixtopf geben und nochmal ***5 Minuten | 100°C | Linkslauf | Stufe 1*** aufkochen.

Öl zum Anbraten, angebratenes Gyrosfleisch

12. Metaxa in den Mixtopf zugeben, ***30 Sekunden | Linkslauf | Stufe 1*** unterrühren.

2 EL Metaxa

13. Suppe nochmal abschmecken. Mit je einem Klecks Zaziki anrichten. Rest Zaziki dazu reichen.

Zaziki

ITALIENISCHE HOCHZEITSSUPPE

4 Portionen

45 Minuten

Zutaten:
500 g gemischtes Hackfleisch
1 Ei (M)
30 g Parmesan, ger.
15 g Paniermehl
1/2 TL italienische Kräuter
1/2 TL Salz
1/4 TL Pfeffer
1 Zwiebel
1 Möhre, ca. 120 g, geschält, in Stücken
1/2 Selleriestange, in Stücken
2 Knoblauchzehen
1 EL Butter
1600 g Geflügelfond
1 TL Oregano, getr.
150 g runde, kl. Nudeln
1 große Handvoll Babyspinat

Außerdem:
Petersilie, gehackt

1. Den Backofen auf 180°C Umluft vorheizen. Ein Backblech mit Backpapier auslegen.

2. Hackfleisch, Ei, Parmesan, Paniermehl, italienische Kräuter, Salz und Pfeffer in den Mixtopf geben, ***2 Minuten | Teigstufe*** kneten.

500 g gemischtes Hackfleisch, 1 Ei (M), 30 g Parmesan, ger., 15 g Paniermehl, 1/2 TL italienische Kräuter, 1/2 TL Salz, 1/4 TL Pfeffer

3. Aus dem Fleischteig ca. 25 gleich große Bällchen formen und auf das vorbereitete Blech legen, ca. 15–20 Minuten goldbraun backen.

4. In der Zwischenzeit Zwiebelhälften, Möhrenstücke, Selleriestücke und Knoblauch in den gereinigten Mixtopf geben, ***4 Sekunden | Stufe 4*** zerkleinern. Mit dem Spatel alles vom Rand nach unten schieben. Butter zugeben, ***5 Minuten | 120°C | Linkslauf | Stufe 1*** dünsten.

1 Zwiebel, 1 Möhre, ca. 120 g, geschält, in Stücken, 1/2 Selleriestange, in Stücken, 2 Knoblauchzehen, 1 EL Butter

5. Geflügelfond, Oregano und Nudeln zugeben, ***10 Minuten | 100°C | Linkslauf | Stufe 1*** kochen.

1600 g Geflügelfond, 1 TL Oregano, getr., 150 g runde, kl. Nudeln

6. Spinat zugeben, weitere ***2 Minuten | 100°C | Linkslauf | Stufe 1*** unterrühren.

1 große Handvoll Babyspinat

7. Kräftig mit Salz und Pfeffer abschmecken.

Salz & Pfeffer

8. Suppe mit Fleischbällchen und Petersilie garniert servieren.

Fleischbällchen, Petersilie, gehackt

BIRNEN-CURRY-SUPPE

4 Portionen

30 Minuten

Zutaten:
2 Zwiebeln
20 g Butter
1 geh. TL Currypulver, scharf
300 g Geflügelfond
1 TL Gemüsebrühpulver
1/2 TL Salz
1000 g Birnen, geschält und entkernt gewogen
400 g Dosentomaten, gehackt
3 Kartoffeln, geschält, in groben Stücken
200 g Sahne
Salz & Pfeffer aus der Mühle
1 EL Petersilie, grob gehackt

1. Zwiebelhälften in den Mixtopf geben, ***5 Sekunden | Stufe 5*** zerkleinern. Mit dem Spatel alles vom Rand nach unten schieben.

2 Zwiebeln

2. Butter zugeben, ***3 Minuten | 120°C | Stufe 1*** dünsten.

20 g Butter

3. Currypulver zugeben, weitere ***1 Minute | 120°C | Stufe 1*** dünsten.

1 geh. TL Currypulver, scharf

4. Geflügelfond, Gemüsebrühpulver, Salz, geviertelte Birnen, Dosentomaten und Kartoffeln zugeben, ***5 Sekunden | Stufe 5*** zerkleinern, dann ***20 Minuten | 100°C | Stufe 1*** garen, anschließend ***45 Sekunden aufsteigend Stufe 5–8*** pürieren.

300 g Geflügelfond, 1 TL Gemüsebrühpulver, 1/2 TL Salz, 1000 g Birnen, geschält und entkernt gewogen, 400 g Dosentomaten, gehackt, 3 Kartoffeln, geschält, in groben Stücken

5. Sahne zugeben, ***2 Minuten | 90°C | Stufe 2*** unterrühren.

200 g Sahne

6. Nochmal kräftig mit Salz, Pfeffer und Curry abschmecken.

Salz & Pfeffer aus der Mühle, Currypulver

7. Mit Petersilie bestreut servieren.

1 EL Petersilie, grob gehackt

Tipp

Ihr könnt auch fertiges Mischgemüse aus dem Glas verwenden, wenn ihr keine frischen Soja-und Bambussprossen bekommt.

PEKINGSUPPE

4 Portionen

40 Minuten

Zutaten:

10 g Morcheln, getr. oder Mu-Err-Pilze, getr.
350 g Hähnchenbrust, in feinen Streifen oder Stücken
1 EL Salz
1/2 TL schwarzer Pfeffer
70 g Zucker
1 Zwiebel
1 EL Sesamöl
1100 g Wasser
1 EL Gemüsebrühpulver
150 g Sojasprossen
100 g Bambussprossen
1 kl. Dose Champignons, in Scheiben, 115 g Abtropfgewicht
2 Möhren, geschält, in Stiften
1/2 Glas Tomatenpaprika, 180 g Abtropfgewicht
50 g Essig, hier z.B. Balsamico-Essig
70 g Tomatenmark
2 EL Sojasauce
1–2 TL Sambal Oelek
1 1/2 EL Speisestärke
3 Eier (M), verquirlt

Außerdem:

Lauchzwiebeln, in Ringe geschnitten

1. Morcheln oder Mu-Err-Pilze in Wasser für etwa 4 Stunden einweichen, anschließend in Streifen schneiden.

10 g getr. Morcheln oder Mu-Err-Pilze

2. Das Fleisch mit Salz, Pfeffer und Zucker vermischen.

350 g Hähnchenbrust, in feinen Streifen oder Stücken, 1 EL Salz, 1/2 TL Pfeffer, 70 g Zucker

3. Zwiebelhälften in den Mixtopf geben und ***5 Sekunden | Stufe 6*** zerkleinern. Mit dem Spatel alles vom Rand nach unten schieben. Das Öl zugeben und ***3 Minuten | 120°C | Stufe 1*** dünsten.

1 Zwiebel, 1 EL Sesamöl

4. Wasser mit Gemüsebrühpulver in den Mixtopf geben, ***8 Minuten | 100°C | Stufe 1*** aufkochen.

1100 g Wasser, 1 EL Gemüsebrühpulver

5. Gemüse mit Essig, Tomatenmark, Sojasauce, Sambal Oelek und Morcheln zugeben, ***10 Minuten | 100°C | Linkslauf | Stufe 1*** garen.

150 g Sojasprossen, 100 g Bambussprossen, 1 kl. Dose Champignonscheiben, abgetropft, 2 Möhren, geschält, in Stiften, 1/2 Glas Tomatenpaprika, abgetropft, 50 g Essig, 70 g Tomatenmark, 2 EL Sojasauce, 1–2 TL Sambal Oelek, 10 g Morcheln oder Mu-Err-Pilze

6. Fleisch samt der übrigen Zuckermischung zugeben, nochmal ***10 Minuten | 100°C | Linkslauf | Stufe 1*** garen.

eingelegte Hähnchenbrust, restliche Marinade

7. Speisestärke mit etwas Wasser anrühren, in den Mixtopf geben, nochmal ***7 Minuten | 100°C | Linkslauf | Stufe 1*** aufkochen; in den letzten 2 Minuten die Eier langsam durch die Deckelöffnung zugeben.

1 1/2 EL Speisestärke, 3 Eier (M), verquirlt

8. Pekingsuppe mit Lauchzwiebeln bestreut servieren.

Lauchzwiebeln, in Ringe geschnitten

GEMÜSE-SCHMAND-TOPF

4 Portionen

40 Minuten

Zutaten:

1/2 Bd. Petersilie
600 g Kartoffeln, festk.
300 g Möhren
300 g Kohlrabi
600 g warmes Wasser
1 EL Gemüsebrühpulver
1 Schalotte
20 g Butter
300 g Schmand
30 g Speisestärke mit etwas Wasser angerührt
1/2 TL Salz
2 Prisen Pfeffer
1 Prise Muskat
1 TL Sojasauce

Außerdem:

Petersilie, gehackt, zum Bestreuen

1. Petersilie in den Mixtopf geben, ***3 Sekunden | Stufe 8*** zerkleinern und umfüllen.

1/2 Bd. Petersilie

2. Kartoffeln, Möhren und Kohlrabi schälen, in mundgerechte Stücke schneiden und in den Varomabehälter geben.

600 g Kartoffeln, festk., 300 g Möhren, 300 g Kohlrabi

3. Wasser mit Gemüsebrühpulver in den Mixtopf geben, mit dem Deckel verschließen und den Varoma mit dem Gemüse aufsetzen, ***25 Minuten | Varoma | Stufe 1*** garen.

600 g warmes Wasser, 1 EL Gemüsebrühpulver

4. Varomabehälter abnehmen und Gemüse warmhalten. Mixtopf leeren und den Garsud (ca. 400 g) dabei auffangen. Mixtopf trocknen.

5. Schalottenhälften in den Mixtopf geben, ***5 Sekunden | Stufe 5*** zerkleinern. Mit dem Spatel alles vom Rand nach unten schieben.

1 Schalotte

6. Butter zugeben, ***2 Minuten | 120°C | Stufe 1*** dünsten.

20 g Butter

7. Aufgefangenen Garsud, Schmand, angerührte Speisestärke, Salz, Pfeffer, Muskat und Sojasauce in den Mixtopf geben, ***6 Minuten | 100°C | Stufe 1*** kochen.

400 g Garsud, 300 g Schmand, 30 g Speisestärke mit etwas Wasser angerührt, 1/2 TL Salz, 2 Prisen Pfeffer, 1 Prise Muskat, 1 TL Sojasauce

8. Nochmal abschmecken, gehackte Petersilie zugeben und ***5 Sekunden | Stufe 2*** unterrühren.

Petersilie, gehackt

9. Sauce mit dem Gemüse mischen und servieren. Nach Belieben mit weiterer gehackter Petersilie bestreuen.

Petersilie, gehackt, zum Bestreuen

STAUB

GRAUPENSUPPE

4 Portionen

40 Minuten

Zutaten:

1 Zwiebel
20 g Öl
1000 g Wasser
110 g Graupen, mittel
500 g Kartoffeln, festk., geschält, in Würfeln
250 g Suppengemüse (Möhren, Sellerie, Lauch, Petersilie), geputzt, in Würfeln
1 EL Gemüsebrühpulver
1 TL Salz
1 gute Prise Pfeffer

optional:

2 Mettwürstchen oder Wiener Würstchen, in Scheiben geschnitten

Außerdem:

Petersilie zum Garnieren

1. Zwiebelhälften in den Mixtopf geben, ***5 Sekunden | Stufe 5*** zerkleinern. Mit dem Spatel alles vom Rand nach unten schieben.

1 Zwiebel

2. Das Öl zugeben, ***3 Minuten | 120°C | Stufe 1*** andünsten.

20 g Öl

3. Wer das Gemüse und die Kartoffeln im TM zerkleinern möchte, macht dies etwa ***5 Sekunden | Stufe 6***. Wir schneiden es lieber mit dem Messer in Würfel. Das Auge isst mit.

500 g Kartoffelwürfel, festk.,
250 g Suppengemüse, in Würfeln

4. Alle Zutaten von Wasser bis Pfeffer in den Mixtopf geben, ***35 Minuten | 90°C | Linkslauf | Stufe 1*** köcheln lassen.

1000 g Wasser, 110 g Graupen, mittel, 500 g Kartoffelwürfel, festk., 250 g Suppengemüse, in Würfeln, 1 EL Gemüsebrühpulver, 1 TL Salz, 1 gute Prise Pfeffer

5. Optional 10 Minuten vor Ende der Garzeit die Mettwürstchen oder Wiener Würstchen hinzugeben.

2 Mettwürstchen oder Wiener Würstchen, in Scheiben geschnitten

6. Suppe nochmal abschmecken und mit frischer Petersilie garniert servieren.

Petersilie zum Garnieren

GULASCHSUPPE

4 Portionen

50 Minuten

Zutaten:

400 g Gulasch vom Rind, in Würfeln
2 Knoblauchzehen
100 g Zwiebeln
1 kl. Chilischote
20 g Öl
400 g Tomaten, stückig
30 g Rotwein
400 g Rinderfond
1 TL Salz
1 TL Paprikapulver, edelsüß
1 gute Prise Pfeffer
40 g Ajvar
1 rote Paprika, in mundgerechten Stücken

Außerdem:

Öl zum Anbraten

optional:

1 EL dkl. Saucenbinder

1. Für einen kräftigen Fleischgeschmack braten wir das Fleisch im Topf scharf an.

400 g Gulasch vom Rind, in Würfeln, Öl zum Anbraten

2. Knoblauch, Zwiebelhälften und Chilischote in den Mixtopf geben, ***5 Sekunden | Stufe 5*** zerkleinern. Mit dem Spatel alles vom Rand nach unten schieben.

2 Knoblauchzehen, 100 g Zwiebeln, 1 kl. Chilischote

3. Öl hinzufügen, ***3 Minuten | 120°C | Stufe 1*** dünsten.

20 g Öl

4. Restliche Zutaten und das angebratene Gulasch hinzugeben, alles ***45 Minuten | 100°C | Linkslauf | Stufe 1*** köcheln lassen.

400 g Tomaten, stückig, 30 g Rotwein, 400 g Rinderfond, 1 TL Salz, 1 TL Paprikapulver, edelsüß, 1 gute Prise Pfeffer, 40 g Ajvar, 1 rote Paprika, in mundgerechten Stücken, angebratenes Gulasch

5. Wer die Suppe etwas dicker mag, fügt den Saucenbinder hinzu und lässt die Suppe nochmal ***1 Minute | 100°C | Linkslauf | Stufe 1*** aufkochen.

1 EL dkl. Saucenbinder

Tipp

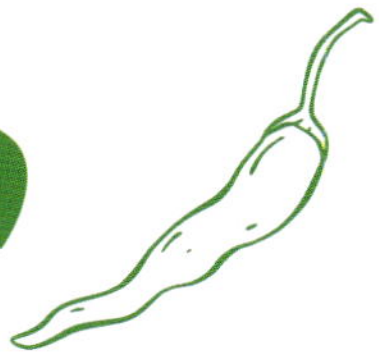

Je nachdem, wie groß eure Fleischwürfel sind, müsst ihr ggf. die Kochzeit anpassen.

ERBSENSUPPE NACH OMA

4 Portionen

1 Stunde 40 Minuten

Zutaten:
200 g Schälerbsen, halbiert
700 g Wasser zum Einweichen
130 g Möhren, geschält, in groben Stücken
70 g Knollensellerie, geschält, in Stücken
1 Schalotte
20 g Olivenöl
200 g Bauchspeck, in groben Stücken
1/2 Lauchstange, in Ringen
400 g Fleischbrühe oder Gemüsefond
250 g Kartoffeln, festk., geschält, in Würfeln
1 Lorbeerblatt
1 TL Majoran, getr.
1/2 TL Salz
3 Prisen Pfeffer

optional:
4 Wiener Würstchen

Außerdem:
Petersilie, gehackt

1. Erbsen für 1 Stunde in Wasser einweichen lassen.

200 g Schälerbsen, halbiert, 700 g Wasser

2. Möhrenstücke, Selleriestücke und Schalottenhälften in den Mixtopf geben, ***5 Sekunden | Stufe 4.5*** zerkleinern. Mit dem Spatel vom Rand nach unten schieben.

130 g Möhrenstücke, 70 g Knollensellerie, geschält, in Stücken, 1 Schalotte

3. Öl zugeben, ***3 Minuten | 120°C | Stufe 1*** dünsten.

20 g Olivenöl

4. Erbsen inklusive dem Einweichwasser in den Mixtopf zugeben, ***30 Minuten | 100°C | Linkslauf | Stufe 0.5*** ohne Messbecher garen. Den Spritzschutzdeckel oder den Gareinsatz als Spritzschutz aufsetzen.

eingeweichte Erbsen inkl. Wasser

5. Speck und Lauchringe zugeben, weitere ***25 Minuten | 100°C | Linkslauf | Stufe 0.5*** ohne Messbecher kochen. Spritzschutzdeckel bleibt aufgesetzt.

200 g Bauchspeckstücke, 1/2 Lauchstange, in Ringen

6. Fleischbrühe oder Gemüsefond, Kartoffelwürfel, Lorbeerblatt, Majoran, Salz und Pfeffer zugeben, nochmal ***30 Minuten | 100°C | Linkslauf | Stufe 0.5*** ohne Messbecher kochen.

400 g Fleischbrühe oder Gemüsefond, 250 g Kartoffelwürfel, festk., 1 Lorbeerblatt, 1 TL Majoran, getr., 1/2 TL Salz, 3 Prisen Pfeffer

7. Das Lorbeerblatt aus der Suppe entfernen. Speck herausnehmen, klein schneiden, zurück in die Suppe geben und nochmal abschmecken.

8. Wer mag, erhitzt noch ein paar Wiener Würstchen mit. Dazu die Würstchen in Scheiben schneiden, zugeben und ***5 Minuten | 70°C | Linkslauf | Stufe 0.5*** erhitzen.

optional 4 Wiener Würstchen

9. Erbsensuppe mit Petersilie garniert servieren.

Petersilie, gehackt

KARTOFFEL-KABANOSSI-EINTOPF

4 Portionen

30 Minuten

Zutaten:
1 kl. Chilischote, getr.
1 Schalotte
1 Knoblauchzehe
30 g Butter
350 g Wasser
50 g Tomatenmark
400 g Tomaten, stückig
400 g Kartoffeln, festk., geschält, in Würfeln
1 TL Gemüsebrühpulver oder Gemüsepaste
1 gestr. TL Salz
1/4 TL Pfeffer
1/2 TL Paprikapulver, edelsüß
400 g Kidneybohnen, 250 g Abtropfgewicht
300 g Mais, 285 g Abtropfgewicht
300 g Kabanossi, in Scheiben
1 Handvoll glatte Petersilie, gehackt

1. Chilischote, Schalottenhälften und Knoblauchzehe in den Mixtopf geben, ***5 Sekunden | Stufe 5*** zerkleinern. Mit dem Spatel alles vom Rand nach unten schieben.

1 kl. Chilischote, getr., 1 Schalotte, 1 Knoblauchzehe

2. Butter zufügen, ***3 Minuten | 120°C | Stufe 1*** dünsten.

30 g Butter

3. Wasser, Tomatenmark, stückige Tomaten, Kartoffeln, Gemüsebrühpulver, Salz, Pfeffer und Paprikapulver zugeben, ***15 Minuten | 100°C | Linkslauf | Sanftrührstufe*** garen.

350 g Wasser, 50 g Tomatenmark, 400 g Tomaten, stückig, 400 g Kartoffelwürfel, festk., 1 TL Gemüsebrühpulver, 1 gestr. TL Salz, 1/4 TL Pfeffer, 1/2 TL Paprikapulver, edelsüß

4. Bohnen, Mais und Kabanossi zufügen, weitere ***10 Minuten | 100°C | Linkslauf | Sanftrührstufe*** garen.

400 g Kidneybohnen, 250 g Abtropfgewicht, 300 g Mais, 285 g Abtropfgewicht, 300 g Kabanossischeiben

5. Eintopf mit Petersilie garniert servieren.

1 Handvoll glatte Petersilie, gehackt

KARTOFFELSUPPE

4–6 Portionen

30 Minuten

Zutaten:

1/4 Bd. Petersilie, gehackt
1/4 Knollensellerie, geschält, in Stücken
3 Möhren, geschält, in Stücken
1 Schalotte
1/2 Stange Lauch, in Stücken
50 g Butter
100 g Schinkenwürfel
900 g Kartoffeln, mehligk., geschält, in Würfeln
700 g warmes Wasser
1 EL Gemüsebrühpulver
1 TL Salz
3 Prisen Pfeffer
1 Prise Paprikapulver, rosenscharf
1 TL Majoran, getr.
100 g Sahne
1 Prise Muskat

optional:

Wiener Würstchen

1. Petersilie in den Mixtopf geben, ***3 Sekunden | Stufe 8*** zerkleinern und umfüllen.

1/4 Bd. Petersilie

2. Selleriestücke, Möhrenstücke, Schalottenhälften und Lauchstücke in den Mixtopf geben, ***5 Sekunden | Stufe 5*** zerkleinern. Mit dem Spatel alles vom Rand nach unten schieben.

1/4 Knollensellerie, in Stücken, 3 Möhren, geschält, in Stücken, 1 Schalotte, 1/2 Stange Lauch, in Stücken

3. Butter und Schinkenwürfel zugeben, ***5 Minuten | 120°C | Linkslauf | Stufe 2*** dünsten.

50 g Butter, 100 g Schinkenwürfel

4. Kartoffelwürfel, Wasser, Gemüsebrühpulver, Salz, Pfeffer, Paprikapulver, Majoran und einen Teil der Petersilie zugeben, einmal mit dem Spatel durchrühren und ***22 Minuten | 100°C | Linkslauf | Stufe 1*** kochen.

900 g Kartoffelwürfel, mehligk., 700 g warmes Wasser, 1 EL Gemüsebrühpulver, 1 TL Salz, 3 Prisen Pfeffer, 1 Prise Paprikapulver, rosenscharf, 1 TL Majoran, getr., etwas zerkleinerte Petersilie

5. Sahne und Muskat zugeben, weitere ***2 Minuten| 100°C | Linkslauf | Stufe 1*** kochen.

100 g Sahne, 1 Prise Muskat

6. Nach Belieben die Suppe pürieren, nochmal abschmecken und mit restlicher Petersilie bestreut servieren.

restliche zerkleinerte Petersilie

Tipp

Wir mögen die Suppe gerne so stückig. Ihr könnt sie nach Belieben pürieren. Kochzeit je nach Gemüse und Größe der Würfel ggf. anpassen. Wer Würstchen drin haben möchte, gibt sie zum Schluss hinzu und lässt sie kurz drin ziehen.

ROTE LINSENSUPPE – SO SCHMECKT SOULFOOD

4 Portionen

40 Minuten

Zutaten:
3 Möhren, geschält, in groben Stücken
1 rote Zwiebel
30 g Knollensellerie, geschält
1 daumengroßes Stück Ingwer, geschält
40 g Olivenöl
200 g rote Linsen
1000 g Wasser
1 EL Gemüsebrühpulver
2 EL Tomatenmark
400 g passierte Tomaten
1/2 TL Garam Masala
1 TL Paprikapulver, edelsüß
1 TL Currypulver
1/2 TL schwarzer Pfeffer
Salz

Außerdem:
1 Handvoll Cashewnüsse
Petersilie, gehackt

1. Cashews in einer Pfanne ohne Fett goldbraun anrösten, herausnehmen und beiseitestellen.

1 Handvoll Cashewnüsse

2. Möhrenstücke, Zwiebelhälften, Sellerie und Ingwer in den Mixtopf geben, ***5 Sekunden | Stufe 5*** zerkleinern. Die Reste mit dem Spatel nach unten schieben.

3 Möhren, geschält, in groben Stücken, 1 rote Zwiebel, 30 g Knollensellerie, geschält, 1 daumengroßes Stück Ingwer, geschält

3. Olivenöl zugeben, ***3 Minuten | 120°C | Stufe 1*** dünsten.

40 g Olivenöl

4. Linsen zugeben, weitere ***2 Minuten | 120°C | Stufe 1*** dünsten.

200 g rote Linsen

5. Wasser, Gemüsebrühpulver, Tomatenmark, passierte Tomaten, Garam Masala, Paprikapulver, Currypulver und Pfeffer zugeben, ***25–30 Minuten | 100°C | Linkslauf | Stufe 1*** kochen, bis alles schön gar ist und anschließend mit Salz abschmecken.

1000 g Wasser, 1 EL Gemüsebrühpulver, 2 EL Tomatenmark, 400 g passierte Tomaten, 1/2 TL Garam Masala, 1 TL Paprikapulver, edelsüß, 1 TL Currypulver, 1/2 TL schwarzer Pfeffer, Salz

6. Suppe nach Belieben pürieren und mit Petersilie und Cashews garniert servieren.

Petersilie, gehackt, Cashewnüsse, geröstet

Tipp

Diese Suppe lässt sich hervorragend vorbereiten. So habt ihr ein leckeres Mittag- oder Abendessen auf Vorrat!
Bei den Toppings könnt ihr wählen, was ihr mögt. Wie wäre es mit frischen gemischten Kräutern, gehackten Nüssen, Würstchen, Fleisch oder auch nur Croûtons?

Tipp

Rosa Pfefferbeeren sind kein echter Pfeffer, sie besitzen keine Schärfe. Vielmehr erinnert das Aroma an Wacholderbeeren und sie sind auch wunderschön dekorativ.

OFENGERÖSTETE BLUMENKOHLSUPPE

4 Portionen

40 Minuten

Zutaten:

1 Blumenkohl
2 Knoblauchzehen (mit Schale)
2 EL Olivenöl
1 TL Salz
1 Prise schwarzer Pfeffer
1 Schalotte
1 Stück Ingwer, ca. 2 cm, geschält
1000 g Wasser
1 EL Gemüsebrühpulver
240 g Kokosmilch
3/4 TL Kurkumapulver
1/2 TL Kreuzkümmel
1 TL rosa Pfefferbeeren
1 TL Sojasauce
1/2 EL Ahornsirup
Saft von 1/2 Zitrone

Außerdem zum Garnieren:

fr. Kräuter
rosa Pfefferbeeren
Sesam

1. Den Backofen auf 200°C Umluft vorheizen. Ein Backblech mit Backpapier auslegen.

2. Den Blumenkohl in Röschen teilen und in eine Schüssel geben.

1 Blumenkohl

3. Knoblauchzehen mit Schale, Olivenöl, Salz und Pfeffer zugeben und gut mischen. Blumenkohlmischung auf das Backblech geben und im heißen Ofen ca. 30 Minuten backen, bis alles schön goldbraun ist und leicht karamellisiert. Zwischendurch umrühren.

2 Knoblauchzehen (mit Schale), 1 EL Olivenöl, 1 TL Salz, 1 Prise schwarzer Pfeffer

4. Herausnehmen und etwas abkühlen lassen.

5. Schalottenhälften und Ingwer in den Mixtopf geben, ***5 Sekunden | Stufe 5*** zerkleinern. Mit dem Spatel alles vom Rand nach unten schieben.

1 Schalotte, 1 Stück Ingwer, ca. 2 cm, geschält

6. Restliches Olivenöl zugeben, ***3 Minuten | 120°C | Stufe 1*** dünsten.

1 EL Olivenöl

7. Wasser, Gemüsebrühpulver, Kokosmilch, Kurkuma, Kreuzkümmel, rosa Pfeffer, Sojasauce, Ahornsirup und Zitronensaft zugeben, ***5 Sekunden | Stufe 5*** verrühren.

1000 g Wasser, 1 EL Gemüsebrühpulver, 240 g Kokosmilch, 3/4 TL Kurkumapulver, 1/2 TL Kreuzkümmel, 1 TL rosa Pfefferbeeren, 1 TL Sojasauce, 1/2 EL Ahornsirup, Saft von 1/2 Zitrone

8. Gerösteten Blumenkohl (ein paar für die Deko zurückbehalten) und ausgedrückten Knoblauch zugeben, ***10 Sekunden | Stufe 7*** pürieren, anschließend ***10 Minuten | 100°C | Stufe 1*** kochen.

gerösteter Blumenkohl, ausgedrückter Knoblauch

9. Suppe nochmal abschmecken und mit Blumenkohlröschen, frischen Kräutern, rosa Pfeffer und Sesam garniert servieren.

Blumenkohlröschen, fr. Kräuter, rosa Pfefferbeeren, Sesam

AJVARSUPPE MIT HACKFLEISCH

4 Portionen

25 Minuten

Zutaten:
1000 g Rinderhackfleisch
1 rote Zwiebel
1 Knoblauchzehe
1 Chilischote, getr.
20 g Olivenöl
800 g Gemüsefond
300 g Ajvar, mild
100 g Ajvar, scharf
200 g Schmelzkäse
Salz & Pfeffer

Außerdem:
Öl zum Anbraten
ca. 4 EL Schmand
Petersilie, gehackt, zum Garnieren

1. Das Hackfleisch in der Pfanne scharf anbraten.

1000 g Rinderhackfleisch, Öl zum Anbraten

2. Zwiebelhälften, Knoblauchzehe und Chilischote in den Mixtopf geben, ***5 Sekunden | Stufe 5*** zerkleinern. Mit dem Spatel alles vom Rand nach unten schieben.

1 rote Zwiebel, 1 Knoblauchzehe, 1 Chilischote, getr.

3. Olivenöl zugeben, ***3 Minuten | 120°C | Stufe 1*** dünsten.

20 g Olivenöl

4. Gemüsefond und Ajvar zugeben, ***15 Minuten | 100°C | Stufe 1*** kochen.

800 g Gemüsefond, 300 g Ajvar, mild, 100 g Ajvar, scharf

5. Hackfleisch und Schmelzkäse zugeben, ***2 Minuten | 100°C | Linkslauf | Stufe 1*** unterrühren.

angebratenes Hackfleisch, 200 g Schmelzkäse

6. Mit Salz und Pfeffer abschmecken.

Salz & Pfeffer

7. Suppe mit Schmand und gehackter Petersilie bestreut servieren.

4 EL Schmand, Petersilie, gehackt

Statt Gemüsefond könnt ihr auch Gemüsebrühe nehmen. Gemüsefond ist jedoch konzentrierter und schmackhafter. Mit einigen Würfeln Feta on top – soooo lecker. Dazu passen Baguette oder auch Wraps sehr gut.

KARIBISCHE KÜRBISSUPPE

6 Portionen

25 Minuten

Zutaten:
2 Zwiebeln
2 Knoblauchzehen
1 Chilischote, getr.
1 Stück Ingwer, ca. 2 cm, geschält
20 g Butter
800 g Hokkaido-Kürbis, in Stücken
400 g Wasser
400 g Kokosmilch
400 g Dosentomaten, gehackt
1 TL Gemüsebrühpulver
100 g Sahne
4 Safranfäden
1/2 TL Cayennepfeffer
1 TL Limettensaft
Salz
1 Prise Zucker
1 Bd. Petersilie, gehackt

optional:
Granatapfelkerne
Crème Fraîche

1. Zwiebelhälften, Knoblauch, Chilischote und Ingwer in den Mixtopf geben, ***5 Sekunden | Stufe 5*** zerkleinern. Mit dem Spatel alles vom Rand nach unten schieben.

2 Zwiebeln, 2 Knoblauchzehen, 1 Chilischote, getr., 1 Stück Ingwer, ca. 2 cm, geschält

2. Butter zufügen, ***3 Minuten | 120°C | Stufe 2*** dünsten.

20 g Butter

3. Die Hälfte vom Kürbis zugeben, ***5 Sekunden | Stufe 9*** zerkleinern. Mit dem Spatel alles vom Rand nach unten schieben.

400 g Hokkaido-Kürbis, in Stücken

4. Den restlichen Kürbis zufügen, weitere ***5 Sekunden | Stufe 9*** zerkleinern.

400 g Hokkaido-Kürbis, in Stücken

5. Wasser, Kokosmilch, Tomaten, Gemüsebrühpulver, Sahne, Safran, Cayennepfeffer und Limettensaft zufügen, ***15 Minuten | 100°C | Stufe 1*** kochen.

400 g Wasser, 400 g Kokosmilch, 400 g Dosentomaten, gehackt, 1 TL Gemüsebrühpulver, 100 g Sahne, 4 Safranfäden, 1/2 TL Cayennepfeffer, 1 TL Limettensaft

6. Sollte es zum Ende hin hochkochen, Temperatur auf 95°C runterschalten.

7. Die Suppe ***45 Sekunden | schrittweise Stufe 5–9*** pürieren, mit Salz und Zucker abschmecken, auf Teller verteilen und mit Petersilie, Granatapfelkernen und Crème Fraîche garniert servieren.

Salz, 1 Prise Zucker, 1 Bd. Petersilie, gehackt, Granatapfelkerne, Crème Fraîche

CHICKEN GNOCCHI SOUP À LA OLIVE GARDEN®

4 Portionen

25 Minuten

Zutaten:
1 Zwiebel
2 Knoblauchzehen
50 g Knollensellerie, geschält
30 g Butter
800 g Geflügelfond
3 Möhren, geschält, halbiert und in Scheiben geschnitten
1 Hähnchenbrustfilet
350 g Milch
1 gestr. TL Salz
1/4 TL schwarzer Pfeffer
1/2 TL Rosmarin, getr.
1/2 TL Thymian, getr.
1 Prise Muskat
1/4 TL Paprikapulver, edelsüß
100 g Blattspinat
100 g Crème Double
2 EL Speisestärke in etwas Wasser angerührt
500 g Gnocchi aus dem Kühlregal
Salz & Pfeffer

Außerdem:
Parmesan, ger.

1. Zwiebelhälften, Knoblauchzehen und Knollensellerie in den Mixtopf geben, ***5 Sekunden | Stufe 5*** zerkleinern. Mit dem Spatel alles vom Rand nach unten schieben.

1 Zwiebel, 2 Knoblauchzehen, 50 g Knollensellerie

2. Butter zugeben, ***3 Minuten | 120°C | Stufe 1*** dünsten.

30 g Butter

3. Geflügelfond und Möhrenscheiben zugeben, ***10 Minuten | 100°C | Linkslauf | Stufe 1*** kochen.

800 g Geflügelfond, 3 Möhren, geschält, halbiert, in Scheiben

4. In der Zwischenzeit das Hähnchenbrustfilet unter kaltem Wasser abwaschen, trockentupfen und in einen Topf geben. Den Topf mit kaltem Wasser füllen, sodass das Fleisch komplett bedeckt ist. Das Wasser zum Kochen bringen, dann die Hitze auf niedrige Stufe stellen und das Hähnchenbrustfilet bei geschlossenem Deckel 8–12 Minuten köcheln lassen.

1 Hähnchenbrustfilet

5. Milch, Salz, Pfeffer, Rosmarin, Thymian, Muskat, Paprikapulver, Blattspinat und Crème Double in den Mixtopf zugeben, ***5 Minuten | 90°C | Linkslauf | Stufe 1*** erhitzen.

350 g Milch, 1 gestr. TL Salz, 1/4 TL schwarzer Pfeffer, 1/2 TL Rosmarin, getr., 1/2 TL Thymian, getr., 1 Prise Muskat, 1/4 TL Paprikapulver, edelsüß, 100 g Blattspinat, 100 g Crème Double

6. Angerührte Speisestärke und Gnocchi zugeben und weitere ***5 Minuten | 90°C | Linkslauf | Stufe 1*** unterrühren.

2 EL Speisestärke in etwas Wasser angerührt, 500 g Gnocchi aus dem Kühlregal

7. Das Hähnchenfleisch grob zerzupfen und zur Suppe geben, mit Salz und Pfeffer abschmecken.

Salz & Pfeffer

Tipp

Wer mag, serviert die Suppe mit geriebenem Parmesan. Die Konsistenz der Suppe könnt ihr mit der Menge der Speisestärke beeinflussen. Wir mögen sie so richtig schön cremig.
Crème Double lässt sich auch prima durch Schmelzkäse ersetzen. Dann wird das Ganze nochmal cremiger, geschmackvoller und ein bisschen käsiger.
Ein Rezept für selbstgemachte Gnocchi findet ihr auch auf unserem Blog. (www.foodwithlove.de)

TORTELLINI-TOMATEN-SUPPE

4 Portionen

25 Minuten

Zutaten:
1 Zwiebel
1 Knoblauchzehe
20 g Olivenöl
500 g Wasser
1 EL Gemüsebrühpulver
150 g Sahne
1/2 TL Salz
1/4 TL schwarzer Pfeffer
400 g Dosentomaten, gehackt
2 EL Tomaten, sonnengetr., gehackt
400 g fr. Tortellini aus dem Kühlregal
1/2 TL Basilikum, getr.
1/2 TL Oregano, getr.
1/4 TL Thymian, getr.

Außerdem:
Parmesan, ger., zum Bestreuen

1. Zwiebelhälften und Knoblauch in den Mixtopf geben, ***5 Sekunden | Stufe 5*** zerkleinern. Mit dem Spatel alles vom Rand nach unten schieben.

1 Zwiebel, 1 Knoblauchzehe

2. Öl zugeben, ***3 Minuten | 120°C | Stufe 1*** dünsten.

20 g Olivenöl

3. Wasser, Gemüsebrühpulver, Sahne, Salz und Pfeffer zugeben, ***6 Minuten | 100°C | Stufe 1*** aufkochen.

500 g Wasser, 1 EL Gemüsebrühpulver, 150 g Sahne, 1/2 TL Salz, 1/4 TL schwarzer Pfeffer

4. Dosentomaten und getrocknete Tomaten hinzufügen, ***10 Minuten | 100°C | Linkslauf | Stufe 1*** köcheln lassen.

400 g Dosentomaten, gehackt, 2 EL Tomaten, sonnengetr., gehackt

5. Tortellini und Kräuter zugeben, ***2 Minuten | 90°C | Linkslauf | Sanftrührstufe*** erhitzen.

400 g fr. Tortellini, 1/2 TL Basilikum, getr., 1/2 TL Oregano, getr., 1/4 TL Thymian, getr.

6. Tortellini-Tomaten-Suppe mit Parmesan bestreut servieren.

Parmesan, ger., zum Bestreuen

BAKED POTATO SOUP
BACKKARTOFFELSUPPE

6 Portionen

60 Minuten

Zutaten:
4–5 Kartoffeln, mehligk., mittelgroß
8 Scheiben Bacon
4 Lauchzwiebeln
1 kl. Zwiebel
1 Knoblauchzehe
80 g Butter
70 g Mehl
750 g Wasser
200 g Milch
1 EL Gemüsebrühpulver
250 g Sahne
100 g Cheddar, ger. + etwas als Topping
150 g Saure Sahne
1 TL Salz
1/2 TL schwarzer Pfeffer

optional:
Chiliflocken

1. Die Kartoffeln in Alufolie wickeln und im vorgeheizten Backofen bei 180°C Umluft ca. 45 Minuten backen.

4–5 Kartoffeln, mehligk.

2. Abkühlen lassen, aushöhlen oder mit Schale in Stücke schneiden.

4–5 Kartoffeln

3. Bacon in einer Pfanne ohne Fett knusprig braten und dann grob zerkleinern.

8 Scheiben Bacon

4. Die Lauchzwiebeln in Ringe schneiden.

4 Lauchzwiebeln

5. Zwiebelhälften und Knoblauch in den Mixtopf geben, ***5 Sekunden | Stufe 5*** zerkleinern. Mit dem Spatel alles vom Rand nach unten schieben.

1 kl. Zwiebel, 1 Knoblauchzehe

6. Butter zufügen, ***4 Minuten | 120°C | Stufe 1*** dünsten, dann das Mehl zugeben und weitere ***2 Minuten | 120°C | Stufe 1*** anschwitzen.

80 g Butter, 70 g Mehl

7. Wasser, Milch und Gemüsebrühpulver in den Mixtopf geben, ***8 Minuten | 100°C | Stufe 2*** aufkochen. Falls es hochkochen sollte, Temperatur reduzieren.

750 g Wasser, 200 g Milch, 1 EL Gemüsebrühpulver

8. Kartoffeln in Stücken, Sahne und Käse dazugeben, weitere ***5 Minuten | 100°C | Stufe 2*** kochen.

Ofenkartoffeln, 250 g Sahne, 100 g Cheddar, ger.

9. Saure Sahne und Gewürze hinzufügen, nochmal ***3 Minuten | 90°C | Stufe 2*** garen.

150 g Saure Sahne, 1 TL Salz, 1/2 TL schwarzer Pfeffer, optional Chiliflocken

10. Suppe nochmal mit Salz und Pfeffer abschmecken. Wer mag, kann die Suppe nun noch pürieren. Wir mögen sie gerne etwas stückiger.

11. Die Suppe ordentlich mit Bacon, Käse und Lauchzwiebeln toppen und servieren.

Bacon, Cheddar, Lauchzwiebeln

Ihr müsst die Kartoffeln nicht schälen, wenn ihr eine Sorte mit feinen Schalen habt.

ALPHABETISCHES VERZEICHNIS

IMPRESSUM

Math. Lempertz GmbH
Hauptstr. 354
53639 Königswinter
Tel.: 02223-900036
Fax: 02223-900038
info@edition-lempertz.de
www.edition-lempertz.de

Rezepte: Manuela und Joëlle Herzfeld
Rezeptfotos: © Manuela und Joëlle Herzfeld
Titelbild: Manuela und Joëlle Herzfeld
Foto, S. 2: Jo Kirchherr, www.jokirchherr.com
Lektorat: Annemarie Ulrich
Layout/Satz: Yinin Got (Büro Bataakoon)
Gesamtherstellung: Print Consult GmbH, München
Printed and bound in Slovakia

ISBN: 978-3-96058-422-3

FSC www.fsc.org MIX Papier aus verantwortungsvollen Quellen FSC® C084279

Klimaneutral Druckprodukt ClimatePartner.com/13600-1909-1001

NOTIZEN

NOTIZEN

BEREITS ERSCHIENEN

88 Seiten,
durchgehend farbig bebildert,
Format: 16,5 x 20 cm,
Klappenbroschur
ISBN: 978-3-96058-247-2
€ (D) 12,99 / € (A) 13,40

88 Seiten,
durchgehend farbig bebildert,
Format: 16,5 x 20 cm,
Klappenbroschur
ISBN: 978-3-96058-369-1
€ (D) 14,99 / € (A) 15,50

160 Seiten,
durchgehend farbig bebildert,
Format: 21 x 26 cm,
Hardcover
ISBN: 978-3-96058-996-9
€ (D) 19,99 / € (A) 20,60

216 Seiten,
durchgehend farbig bebildert,
Format: 21 x 26 cm,
Hardcover
ISBN: 978-3-96058-246-5
€ (D) 19,99 / € (A) 20,60

236 Seiten,
durchgehend farbig bebildert,
Format: 21 x 26 cm,
Hardcover
ISBN: 978-3-96058-332-5
€ (D) 24,99 / € (A) 25,70

208 Seiten,
durchgehend farbig bebildert,
Format: 22 x 28 cm,
Hardcover
ISBN: 978-3-96058-413-1
€ (D) 24,99 / € (A) 25,70